MARIUS' SCHATTEN

Der Weg zu dir selbst

PiT

Realisation, Idee, Design & Layout: Pit Vogt

Alle Texte sind frei erfunden

Impressum

Herstellung und Verlag:
BoD - Books on Demand, Norderstedt
ISBN: 9783755724360

Gedichte & Geschichten

INHALT

Gedichte & Geschichten

INHALT

Irgendwann

Irgendwann glaubst du wohl schon
Es ist vorbei
Jetzt ist es aus
Und es klingt fast wie ein Hohn
Vor dir steht dein kleiner Sohn
Und er fragt dich richtig aus

Dir wird klar
Er ist die Welt
Ist das Neue
Das jetzt ist
Er ist das, was gerade zählt
Ganz egal, ob's dir gefällt
Ob du so viel älter bist

Doch die Welt ist froh und bunt
Hat für jeden einen Weg
Ist für alle schön und rund
Schau nur, schau
Du bist gesund
Kommst noch immer gut vom Fleck

Lass der Jugend ihren Lauf
Sie sucht nach dem eignen Glück
Bau dir selbst was Neues auf
Nimmst nicht jeden Mist in Kauf
Hast doch noch ein ganzes Stück

Dir wird klar
Nichts ist vorbei
Denn du lebst und kannst was tun
Du bist Du
Und du bist frei
Was mal war ist einerlei
Raff dich auf
Du willst nicht ruhn

Ich geh

Ich geh behänd aufs Ende zu
Da ist kein Anfang mehr
Nur Ruh
Da ist so vieles ungesagt
Da bleibt noch sehr viel ungefragt
Nur Traurigkeit bleibt
Immerzu

Ich spür und seh das Ende schon
Da ist kein Sinn
Kein Dank
Kein Lohn
Sehr vieles hab ich ausprobiert
Doch stets erlebt
Wie man verliert
Am End schien manches wie ein
Hohn

Ich hab gedacht
Da wär noch was
Ein Stückchen Glück
Ein Job mit Spaß
Doch Liebe, Glück gabs für mich nicht
Ein trübes, fahles Lebenslicht
Es blieb manch´ Traum von
Irgendwas

Wenn ich zu meinen Eltern geh
Zu meiner Mama
Die ich seh
Dann schau ich kurz mich nochmal um
War ich ein Schlaukopf
Oder dumm
Zu oft
Zu nah
Am Tränensee

So geh ich jetzt aufs Ende zu
Und trag die schönsten
Sonntagsschuh
So vieles lass ich hinter mir
Was ist es
Das ich bald verlier
Was suchte ich einst
Immerzu

Es gibt

Es gibt Wege
Die kann man nur alleine gehn
Es gibt Blicke
Die kann man ganz allein nur sehn
Es gibt Schmerzen
Die erträgt man nur für sich allein
Es gibt die Hoffnung
Endlich wieder glücklicher zu sein

Es gibt Menschen
Die liebt man nur für sich allein
Es gibt Herzen
Deren Schläge spürt man nur für sich allein
Es gibt auch Wünsche
Die sind nur da für dich allein
Ach, es gibt Trauer
Die erträgt man nicht einmal allein

Es gibt Worte
Die spricht man nur für sich allein
Es gibt Orte
Die besucht man immer nur allein
Es gibt Lieder
Die singt man nur für sich allein
Und es gibt Gott
Der nicht will
Dass man ewig bleibt allein

Nirgendwo

Schwarz der Wald
Schwarz die Gedanken
Weiß fällt Schnee auf Acker
Feld
Ganz ohne Grenzen die Gedanken
Alle Hoffnung kommt ins Wanken
Zu weit fort
Wo nichts mehr zählt

Aus der Seele falln Gesichter
Wie ein schwerer Stein sind sie
So fernab der Stadt
Der Lichter
Dort beim Club der toten
Dichter
Hämmern Fragen:
Wo
Und
Wie

Schreie halln durch dichten
Nebel
Blut rinnt über Stirn und
Aug
Ausgehebelt Sinn und
Regel
Tief im Herz ein Schwert
Ein Säbel
Eis verdeckt das alte
Laub

Müd rennst du durch alle Zeiten
Kommst nur bis zum
Nirgendwo
Du willst fliehen
Nirgends bleiben
Lässt dich von den Ängsten treiben
Hier in diesem
Irgendwo

Rastlos deine Gier
Dein Denken
Willst du Liebe
Oder nicht
Wirst dich nach dem Glück
Verrenken
Keiner wird dir's geben
Schenken
Und es bleibt dir
Schwarzes
Licht

Nur das Ende bringt dir
Ruhe
Weil dies Hin und Her nichts bringt
Weil zu eng dir deine
Schuhe
Ekel in der Lebens-Truhe
Und dein letzter Blick
Verglimmt

Man sagte

Man sagte:
Gottes Bäume welken nicht
Doch sind sie schon verdorrt
Wo ist denn Gottes helles Licht
Wo ist nur Gottes Angesicht
Es ist nicht hier am Ort

Man sagte:
Gottes Worte lügen nicht
Doch scheinen sie nicht wahr
Wo ist denn Gottes Wort-Gewicht
Wo ist nur Gottes Angesicht
Das ist mir nicht mehr klar

Man sagte:
Gottes Wesen ist allhier
Doch kann ich's nirgends sehn
Warum ist es jetzt nicht bei mir
Ich fühl mich wie ein blindes Tier
Dass gar nichts kann verstehn

Man sagte:
Gott kennt deine schwerste Stund
Doch ist's mir nur noch schwer
Ich hoffe mir die Seele wund
Die Trauer drückt
Nichts läuft mehr rund
Mein Leben scheint so leer

Man sagte:
Gott lässt dich niemals allein
Doch bin ich einsam jetzt
Mein Herz ist wie ein schwerer Stein
Warum muss ich allein nur sein
Warum bin ich verletzt

Man sagte:
Gott hilft dir aus großer Not
Doch geht's mir schlecht wie nie
Ich trinke Wasser
Esse Brot
Und sitz allein im sinkend´ Bot
Und habe weiche Knie

Man sagte:
Glaub an Gott
Dann hilft er dir
Doch hilft kein Mensch mir mehr
Warum nur, Gott, bist du nicht hier
Wenn es dich gibt
Dann helfe mir
Dann wär es nicht so schwer

Adventssonntag

Hab mir die große weiße Kerze angezündet
Sie spendet Licht
So hell
Und auch so klar
Wo Gott seine Botschaft froh verkündet
Hab ich die weiße Altarkerze angezündet
Ja, hier daheim
Wo ich so traurig
Und wohl auch glücklich
War

Dieser Sonntag ist Advent
Ein ziemlich trauriger
Ich denk an meine Eltern
Die ich dieses Jahr verlor
So manche Stund,
So manch ein Tag war nie zuvor wohl
Schauriger
Nun ists Advent
Es ist ein wirklich trauriger
Ich hatte Angst
Dass ich dereinst in Traurigkeit erfror

Doch Du bist da
Mein wundervoller Sonntagmorgen
Und Du sowieso
Mein stets behütender Herrgott
Ich weiß und hoff
Du nimmst mir meine großen Sorgen
Denn nur bei Dir
Fühl ich mich für immer und ewig
Geborgen
Und ich weiß
Du gehst niemals wieder von mir
Fort

Auf dem Friedhof

Schweigen überm Friedhofspark
Dunkel wird's
Die Kälte kommt
Schnee fällt sacht auf manches Grab
Weihnacht hier im Friedhofspark
Hier, wo alle Trauer wohnt

Manches Grablicht flackert leis
Langsam deckt der Schnee es zu
Marmor glitzert schwarz
Und weiß
Auf den Wegen glänzt das Eis
Heilig diese Totenruh

Kann ein Weihnachtslied erahnen
Ach, es fliegt von Grab zu Grab
Hier, wo viele kommen
Kamen
Hier, wo liegen all die Ahnen
Wo mir Gott so vieles sagt

Leicht verfängt sich eine Brise
Da, wo Mutter, Vater sind
Stille über Baum und Wiese
Nur das Säuseln jener Brise
Sagt zu mir:
Sei wieder Kind

Niemand ist im Park zu sehen
Doch es sind so Viele da
Alle lebten einst im Leben
Kann sie doch noch immer sehen
Eingehüllt von Schnee
Recht klar

Ja, sie lächeln mir entgegen
Es ist kalt
Doch mir ists warm
Niemals endet unser Leben
Nur geht es auf neuen Wegen
Bis es kommt im Himmel an

Hoffnung überm Friedhofspark
Heilger Abend
Heilge Nacht
Schnee fällt sacht auf manches Grab
Wo ich so viel Liebe hab
Wo ich stets an Euch gedacht

for Mom and Dad

Seelenschatten

Wie die Tage
Die ich zähle
Sind die Schatten auf der Seele
Und was immer ich auch tue
Nirgends find ich meine Ruhe

Alles ist wie festgefahren
Überall seh ich Gefahren
Nichts gelingt
Ich bin am Ende
Und es zittern meine Hände

Alles scheint mir zu entgleiten
Kriech durch dunkle müde Zeiten
Alle Hoffnung scheint gestorben
Nein, ich hoff nicht mehr auf Morgen

Und ich träum nur noch mein Leben
Doch es kann mir nichts mehr geben
Frag mich all die schlechten Tage
Warum ist so trüb die Lage

Seh die Menschen
Die zufrieden
Weiß nicht mehr
Wo ich geblieben
Und die Schatten auf der Seele
Sind wie Tage
Die ich zähle

Blaue Schatten

Blaue Schatten auf der Wiese
Alles scheint geheimnisvoll
Kleines Wesen
Nein, kein Riese
Schwebt auf jener dunklen Wiese
Tödlich oder
Wundervoll

Mitternacht ists auf dem Lande
Überall schweigt
Haus und Hund
Irgendwas am Waldesrande
Da, ein Blitz schießt in den Sande
Merkwürdig wards Stund um Stund

Blaue Kugeln in den Lüften
Hüllen sich in Nacht und Wind
Wie sie in den Himmel driften
So was gab es nie
Mitnichten
Ob es wirklich Aliens sind

Dann versinkt die Nacht im
Schweigen
Und die Zeit steht wieder still
Dieser kunterbunte Reigen
Wollte sich vielleicht nur zeigen
Mit dem Traum vom
Schattenspiel

Schatten

Ein heller Schatten an der Wand
In dieser Nacht schlaf ich nicht ein
Ein heller Umriss nur
Verkannt
Es ist ein Schatten an der Wand
Ich starr ihn an
Ich soll das sein

Der Mond zieht schweigend
Quer durchs All
Eiskaltes Licht wirft er auf mich
Ich fühle mich im freien Fall
Ich komm hart auf
Es fehlt der Knall
Bin in der Schwebe
Ewiglich

Die Nacht scheint endlos
Mir ist kalt
Dort an der Wand mein Schattenbild
Mein Schrei nach Leben
Längst verhallt
Das Ende keift
Ich komme bald
Die Stunden nur von Angst erfüllt

Von fern ein Glockenschlag
S' ist Eins
So zwischen gestern
Morgen
Heut
Warum viel Geld
Ich habe keins
Ein fremdes Glück
Das ist nicht meins
Am End der Zeit man nichts mehr scheut

Mein Hirn vergilbt die Hoffnung fort
Nur Tränen
Und nur Trauer bleibt
An diesem dunkeltrüben Ort
Erstirbt die Zuversicht
Das Wort
Die Leere nur mein Buch beschreibt

Der helle Schatten an der Wand
Jetzt ist es weg
Das war wohl ich
Es war ein Umriss nur
Verkannt
Verweht manch´ Spur von mir am Strand
Zerschlissene Träume
Sicherlich

Marius' Schatten

Er hatte kurz mich angelächelt
So im Vorübergehen wars
Ein leichter Wind hat mich umfächelt
Als er mich plötzlich angelächelt
Am Ende einer
Tränen-Farce

Ich schaute hin
Und schaute weg
Und ging vorbei
Und war schon fort
An meinen Schuhen klebte Dreck
Er war vorbei
Er war schon weg
An jenem fremden kalten Ort

Ein Schatten nur blieb mir im Traum
Wer war das nur
Wie hieß der Mann
Er hatte Augen
Grün und
Braun
Wars in der Stadt
Am Waldessaum
Vielleicht ein Geist
Der kam sodann

Sein Schatten lässt mich nicht mehr los
Er war so nah
Doch viel zu weit
Was tu ich jetzt
Was mach ich bloß
Leg ich die Hände in den Schoß
Sein Schatten hatte mich
Befreit

Sein Lächeln traf mich tief ins Herz
In meine Seele
In mein
Ich
Sein Schatten war so voller Schmerz
S′ war Ende Februar
Fast März
Ich wollt zu ihm
Ganz fürchterlich

Und zog davon
Zum fernen Sein
Dorthin
Wo er längst an mich denkt
Mein Schatten nur blieb hier
Allein
Längst wollte ich bei Marius sein
Weil alle Schatten Gott nur
Lenkt

BEI MARIUS

Ein Hauch von Wind
Trug mich zu ihm
Zu Marius
Der nach mir rief
Ganz plötzlich machte alles Sinn
Ganz plötzlich schien kein Tag mehr schief

Er lächelte wie einst
Im Traum
Wir beide waren uns so nah
In seiner Welt
Am Himmelssaum
Da wusste ich
Wer ich stets war

Heiliger Abend

Dunkelheit zieht durch die Gassen
Arg verschneit sind Dächer
Wald
Städte scheinen schon verlassen
Da, ein Christkind stapft durch Straßen
Reibt die Hände sich
S´ ist kalt

Heiligabend auf der Erde
Vieles ist nicht mehr wies war
Dass es wieder besser werde
Ohne Hass und manch´ Beschwerde
Weihnachtswünsche
Hell und klar

Heimlichkeit in Kinderaugen
Weihnachtsnacht für alle Leut
Ja, ich will an Weihnacht glauben
Mit ein bisschen
Gottvertrauen
So nur wird die neue Zeit

Es fällt Schnee
Ganz sacht und leise
Glocken läuten um mich her
Überall hüllt Schnee und Eise
Alles ein
In sanfte Weiße
Glauben fällt heut Nacht nicht schwer

Lasst uns jetzt fürs Leben beten
Für die Liebe
Für die Welt
Weihnachtszeit kann Eintracht geben
Bittet Gott um neuen Segen
Dass der Frieden weiter hält

Dunkelheit senkt sich hernieder
Weihnachtsbaum
Im Lichterglanz
Ja, wir singen Weihnachtslieder
Heut am Heiligabend wieder
Unterm schönsten
Weihnachtskranz

Dreckige Mauern

Schlag die Mauern einfach nieder
Sie sind Dreck
Sie bringen Tod
Sing stattdessen laute Lieder
Mauern bringen Leid und Not

Trennen Menschen
Träume
Liebe
Mauern stehn am Rand der Zeit
Zwischen Mauern
Junge Triebe
Haben sich vom Schmutz befreit

Mauern sind dem Blick im Wege
Stehen sinnlos nur herum
Mauern sind nur starr und träge
Mauern bleiben ewig dumm

Stoß die Mauer übern Haufen
Diesen Dreck brauch niemand mehr
Lasst uns über Mauern laufen
Schau nur
Es ist gar nicht schwer

Letzter Abend

Ich kenne Dich
Ich kenn Dich nicht
Das sagte er im Kerzenlicht
Und nur sein Kuss war süß
Zu süß
Er schaute trüb durchs Kerzenlicht
Er sah die Wahrheit nie
Und nicht
Und alle Träume träumten
Mies

Ich liebe Dich
Ich lieb Dich nicht
Das hauchte er im Whiskydunst
Und jedes Wort war kalt
Zu kalt
Es war, als wenn manch´ Blick
Verwischt
Wohl sah er das Reale nicht
Dort, wo manch´ böses Wort
Verhallt

Ich brauche Dich
Ich brauch Dich nicht
Das raunte er um Mitternacht
Leis stöhnte er
Und schlief schnell ein
Vorbei der Dunst
Das Kerzenlicht
Den nächsten Tag
Den gab es nicht
Und jeder blieb für sich
Allein

Vorbei

Ich fuhr vorbei
Ich schaute hoch
Zu jenem Fenster
Dass so leer
Da war mal Liebe
Leben
Doch
Ich fuhr vorbei
Und sah kurz hoch
Und sehnte mir so manches her

So viele Zeiten
Hoch und
Tief
So manches Licht im Fenster
Dort
So viel vergangen
Was mal lief
So manche Wege liefen
Schief
An jenem sicher-guten
Ort

Ich fuhr vorbei
Ich schaute hoch
Zu jenem Fenster
Das so klein
Ich fühl so vieles immer noch
Nein
In der Seele gähnt kein Loch
Ich fuhr vorbei
So sollts wohl
Sein

Gott

Egal, wo du auch lebst und leidest
Wo du auch immer hoffst und bist
Egal, wen du auch liebst
Und meidest
Du bist bei Gott
Wo jeder ist

All deine Tränen will er kennen
All deine Trauer
Deinen Frust
Er wird die Not
Das Leid
Verbrennen
Weil du ganz einfach leben
Musst

Er wird dich schützen
Lieben
Hüten
Weil er so nah dir ewig bleibt
Von Nord
Von West
Von Ost
Von Süden
Kommt er zu dir
Zu jeder Zeit

Und wenn vor Trauer du verloren
Dann sprich zu ihm
Er hört dir zu
Selbst wenn du glaubst
Du seist erfroren
Dann wärmt er dich
Schenkt Frieden
Ruh

Geh jetzt zu ihm
Schließ deine Augen
Hör auf dein Herz
Das du ihm schenkst
Spür tief in dir den festen Glauben
Du weißt's genau:
Du siehst ihn längst

Erinnerung

Erinnerungen sind so schwer
So viele Dinge
Die ich seh
Ich sehn mir alte Zeiten her
Und einen Weg
Auf dem ich geh

Wenn jemand geht
Dann gehst du mit
Dann scheint so vieles nie mehr
So
Dann stirbst du auch ein kleines Stück
Dir scheint´s
Du wirst nie wieder froh

Doch bleibt die Liebe tief im Herz
Sie ist so nah
Zu jeder Zeit
Dein Blick
Dein Ruf
Geht himmelwärts
Nur so erträgst du Trauer
Leid

Betrachtung

Von den großen
Menschheitsträumen
Bleibt am End der Zeiten nichts
Längst verirrt in weiten Räumen
Längst vorbei das Sein des Lichts

Erst geboren aus Materie
Stirbt ein jedes lebend´ Ding
Dann bleibt nur noch Stille
Leere
Unendlich kurz der Lebenssinn

So springen wir durch dutzend
Brane
Wir kommen niemals an ein Ziel
Und jedes Sein zerfließt im Wahne
Dies alles scheint ein irres Spiel

Es ist Materie
Die sich formte
Sie denkt nur über sich stets nach
Zerstört
Baut neu
Was keiner normte
Und ist wohl niemals wirklich wach

Es ist an uns
Was wir draus machen
Ob Krieg
Ob Frieden
Virus-Tod
Es schadet nichts
Neu zu erwachen
Und mehr zu achten
Wasser
Brot

Zu viel

Zu viele Tränen
Die ich heulte
Zu viel Zeit hab ich vertan
Zu viele Wünsche
Alt
Verbeulte
Weil ich mich vor manch´ Wahrheit
Scheute
Da blieb nur Dreck
Kein Supermann

Zu viel gesagt
Zu viel gesabbelt
Zu viel getan
Was nichts gebracht
Wo einsam manche Spinne
Krabbelt
Hab ich bis heute nichts
Geschnackelt
Hat nur der Pöbel laut
Gelacht

Zu viel gehofft
In blöden Nächten
Durch leere Städte nachts
Gerannt
Dass mir die letzten Bars was brächten
In Rotlichtclubs und
U-Bahn-Schächten
Bis das mein letzter Traum
Verbrannt

Ich muss was tun
Ich muss was ändern
Bevor ich mich total verlier
Gibt's Glück vielleicht in fremden Ländern
Find ich mich nur
An Straßenrändern
Ich weiß nur eins:
Ich bin noch hier

Hotel der Schatten

Im Hotel der dunklen Schatten
Treffen sich die Geister nachts
Hören heimlich alte Platten
Piepsen mit den Mäusen
Ratten
Und sie speisen
Roten Lachs

Dies Hotel der tausend Träume
Siehst du nur ´gen Mitternacht
Über Felder
Wälder
Bäume
Schwebts hinauf in Weltenräume
Driftets durch Magie und
Pracht

Irgendwo in deinem Leben
Findest du dies Wunderhaus
Manch´ Erkenntnis wird´s dir geben
Hoch wird´s auf den Wolken schweben
Manchmal siehts wohl düster aus

Glaub an das Hotel der Schatten
Wo die Geister heimisch sind
Dort sind nicht nur Mäuse
Ratten
Dort gibt´s nicht nur alte Platten
Dort wirst neu du
Wie ein Kind

Laufen lernen

Aus dem Körper rausgesprungen
Leer liegt diese Hülle dort
Dieser Sprung ist gut gelungen
Du bist stolz
Und sprichst kein Wort

Ach, du fliegst durch alle Zeiten
Keine Grenze gibt es mehr
Jetzt noch da
Wirst dort nicht bleiben
Es geht leicht
Und nichts ist schwer

So müsst es wohl immer bleiben
Ohne Leib geht's einfach gut
Ohne Alter
Ohne Zeiten
Ohne schweres krankes Blut

Doch du musst zurück zum Körper
Kriechst hinein
Fühlst dich nur blöd
Plötzlich ist so vieles schwerer
Du hast Angst
Dass nichts mehr geht

Musst das Leben wieder lernen
Denn das ist kein freier Flug
Kannst nicht springen zu den Sternen
Für das Leben brauchst du Mut

Wie ein Kind lernst du das Laufen
Stolperst oft
Stehst wieder auf
Ohne Jammern
Ohne Schnaufen
Schaffst du diesen ersten Lauf

Eines Tages rennst du wieder
Durch die Straßen
Durch manch´ Park
Fliegen brauchst du wohl nie wieder
Weil du kraftvoll bist
Und
Stark

Schatten einer Liebe

Es war ein Schatten nur
Der blieb
Sie schaute sich noch einmal um
Dort, wo manch´ dunkle Wolke zieht
Hat sie gewartet, was geschieht
Hat sie ertragen
Treu und
Dumm

Er schlug sie mitten ins Gesicht
Das Blut kam schnell
Es tropfte wild
Sie sah wohl seine Bosheit nicht
Sie wollte gehen
Und doch nicht
Ein Leben nur von Angst erfüllt

Einst liebten sie sich wirklich sehr
Sie kam aus Russland
Arm und schön
Ihr Leben war so einsam
Schwer
Ach, oftmals fühlte sie sich leer
Doch wollt zurück sie nie mehr gehn

Er schwor ihr Treue
Liebe
Glück
Verlassen wollte er sie nie
Doch irgendwann
So Stück um Stück
Schlug trister Alltag hart zurück
Das Geld ward knapp
Es reichte nie

So soff er sich die Nächte schön
Am Tag hing er im Stadtpark rum
Sie konnt das alles nicht verstehn
Ganz tief im Herzen wollt sie gehn
Ihr Leben schien ihr
Schief und krumm

Doch blieb sie bei ihm
All die Zeit
Ging täglich putzen für fast Nichts
Sie wusste, wenn sie sich befreit
Schlägt er sie weiter tief ins Leid
Ein Dasein jenseits allem Lichts

Doch eines Morgens gings nicht mehr
Er lag besoffen noch im Bett
Da holte sie den Koffer her
Sie packte schnell
Im Herz wars schwer
Nur endlich fort von alldem Dreck

Sie schaute sich noch einmal um
Da war ein Schatten nur
Der blieb
Ging sie jetzt nicht
Brächt er sie um
Nie wieder leiden
Treu und stumm
Dort, wo manch' dunkle Wolke
Zieht

Schneesturm

Sie fragte ihn:
Wo willst du hin
Erstarrt sah er ihr ins Gesicht
Es hatte wohl auch keinen Sinn
Er wollte fort
Egal
Wohin
Und trübe schien das Kerzenlicht

Er zog sich an,
Lief schnell hinaus
Ein Schneesturm kühlte sein Gesicht
Im Eiswirbel nicht Mann,
Nicht Maus
Es war so kalt,
Ein wahrer Graus
Am kleinen Bahnhof brannte Licht

Auf Bahnsteig Drei
Stand noch ein Zug
Der Schnee verwirbelte die Zeit
Ein Alptraum
Oder
Selbstbetrug
Vom Alltag hatte er genug
Für eine Nacht
Vom Zwang befreit

Ein junger Mann mit schwarzem Schal
Kam auf ihn zu,
Umarmte ihn
Sie sahen sich das erste Mal
Und küssten sich ganz ohne
Qual
Und plötzlich machte alles Sinn

Vom Schneegestöber eingehüllt
Da liebten sie sich
Heftig, heiß
Manch' ferner Traum schien da erfüllt
Ein Liebesbrief
Im Schnee zerknüllt
Die Liebe schmolz die Nacht,
Das Eis

Bleibst du bei mir – so fragte er
Der andere Mann blieb still und
Schwieg
Noch einen Kuss,
Der leicht und
Schwer
Dann war der Bahnsteig menschenleer
Und niemand aus dem Zug mehr stieg

Der Schneesturm fauchte dumm und
Klug
Der Zug fuhr ab
Ins Nirgendwo
War alles nur ein Selbstbetrug
Wenn man vom Alltag hat genug
Gibt's Leben nur im
Anderswo

Er schlug den Kragen hoch und ging
Ihm war nicht kalt
Auf Bahnsteig Drei
Der Schneesturm sich im Nichts verfing
Ein bisschen Liebe nur,
Ein Sinn
So vieles scheint oft
Einerlei

Noch einmal drehte er sich um
Da war kein Zug,
Kein Mann,
Kein Kuss
Die Flocken wirbelten recht krumm
Er lief nach Hause
Lächelnd,
Stumm
Weil das so ist
Weil man´s so
Muss

Allein

Zerrissen
Brach
Die kranke Seele
Ein Lachen gibt es lang nicht mehr
Wohin ich geh
Wohin ich sehe
Ist alles düster
Dunkel
Schwer

Allein geh ich die Holperwege
Nirgends ein Halt
Und auch kein Sinn
Warum ich bin
Warum ich lebe
Weiß ich nicht mehr
Und mir ist kalt

Erinnerungen sind wie Steine
Sie wiegen schwer in Herz
Und Hirn
Wo immer ich auch bin
Und bleibe
Es schmerzt nur noch
Die heiße Stirn

Im Nebel schwinden meine Spuren
Was bleibt von mir
Was bleibt da noch
Es stehen meine Lebensuhren
Zerrissen
Brach
Ganz tief im Loch

Dreckige Zeiten

So manch ein Traum
Verdirbt im Dunkel
So manche Hoffnung ward zu Staub
Das Böse schmerzt wie ein Furunkel
Die Zeit ist dreckig
Sie ist dunkel
Und manch' ein Tod gärt unterm Laub

Was du erdenkst
Fällt bald in Scherben
Zerstört von einem falschen Freund
Wenn du viel gibst
Wirst du nichts erben
All deine Güte wird verderben
Vorbei das Glück
Das du erträumt

Dunkle Provinz
Will dich verklagen
Weil Hetze dich zerstören soll
Dort kriecht der Mob
Wie tausend Plagen
Du spürst den Hass
Hast viele Fragen
Doch eine Antwort weiß nur Gott

Das Schweigen siegt
Und Kriege wüten
Ein Virus rafft die Menschen hin
Nie wieder froh
Nie mehr zufrieden
In jener Zeit der Gier
Der Lügen
Erstirbt der letzte Lebenssinn

Du bist in diese Zeit geboren
Du suchst nach einem echten Ziel
Doch scheint das Leben eingefroren
Hier ist das Gute längst verloren
Hier grinst der Teufel
Fröhlich
Kühl

Das Unrecht und die Bosheit wüten
Hier siegt nur
Wer laut um sich schlägt
Satan scheint nah
Dämonen brüten
Und niemand will die Welt behüten
Weil Geld und Gier
Die Hirne quält

Wo führt das hin
Wo wird es enden
Fest steht:
Es geht nicht ewig so
Was ist, wenn wir uns selbst verschwenden
Wenn wir uns selbst der Dummheit schenken
Dann stirbt die Zeit
Wie welkes Stroh

Bahnsteig

Ein leerer Bahnsteig nachts halb Drei
Es regnet und ich bin allein
Der letzte Zug ist lang vorbei
Es ist so kalt
So gegen Drei
Es sollte doch niemals so sein

Du warst so nah und doch so fern
Hast mich geküsst
Hast nichts gesagt
Ich sehnte mich zu deinem Stern
Schien dir so nah
Blieb doch so fern
Dort wo die Nacht
Kaum Träume hat

Ein Sturm peitscht allen Regen fort
Seh dein Gesicht
Es lächelt leis
An diesem düster kalten Ort
Erstirbt manch blödes dummes Wort
Und alle Hoffnung ward zu Eis

Ein leerer Bahnsteig nachts um Drei
Es regnet und ich wart allein
Ein letzter Zug kam nie vorbei
Ich schau zurück
Ins Einerlei
Vielleicht sollt alles doch so sein

Mit Euch

Mit Euch bin ich gestorben
Nie habe ich gelebt
Die Qualen
All die Sorgen
Manch´ toter Tag
Und Morgen
Schon bald vom Sturm
Verweht

Mit Euch bin ich gegangen
Nie war ich richtig hier
Tief in mir selbst gefangen
Wo Teufelshunde
Sangen
Da starb manch´ Traum
Manch´ Gier

Mit Euch bin ich verschwunden
Nie fand ich´s Glück der Welt
Da klafften tiefe Wunden
Ich hab mich nie gefunden
Ich hab mich nur gequält

Ich bin mit Euch gestorben
Vielleicht ists besser so
Nie bin ich Mensch geworden
Vorbei die Angst
Die Sorgen
Wir sind nun
Anderswo

Hölle

Aus dunkler Tiefe einer Nacht
Gewälzt im Dreck
Auf Teufels Haut
In Schweiß gebadet aufgewacht
Im Höllenschlund die Zeit verbracht
Dort, wo der *Chupacabra* kaut

Entsetzen tief im Angesicht
Zerschellte Träume
Dort am Fels
Nie wieder Lachen
Auch kein Licht
Ein neues Leben gibt es nicht
Nur jenes Teufelshundes Pelz

Dein Ende längst vorherbestimmt
Die Sonne weit im Nichts
Verbrannt
Dort, wo kein Hoffnungsschimmer glimmt
Gesicht und Leben längst verstimmt
Da ist des Teufels
Böses Land

Und jene Nacht flieht nimmermehr
Sie ätzt durchs Hirn sich
Bis ins Mark
Dein Wunsch nach Glück
Wiegt tonnenschwer
Doch Blick und Aussicht bleiben leer
Du bist wie Gummi
Nie mehr stark

Verzweifelt kriechst Du
Durch den Schlamm
Der Dich umhüllt
Umklammert
Klebt
Im Herz ists seicht Dir
Müd und
Klamm
Und Deine Seele ward zum Schwamm
Dort, wo der Ziegensauger
Lebt

Der Teich im Wald
Eine wahre Geschichte

November 2021
Waldstück außerhalb der Stadt

Eigentlich gehe ich sehr gern wandern. Ein etwas weiter entfernter Wald hatte mich schon oft zu ausgedehnten Wanderungen inspiriert. Ich fahre früh dorthin, um dann diese würzige Waldluft zu genießen und zu fühlen, wie der Körper langsam wieder zu sich findet, wie er Stück für Stück entspannt.

Auch an jenem Novembermorgen, der nicht so lang zurückliegt, wollte ich mir mal wieder all das mal gönnen.

Ziemlich früh am Morgen, es war so gegen 6:30 Uhr fuhr ich los. Es war recht diesig und feucht, aber im November war das nicht verwunderlich. Es war ein seltsames Ereignis, welches ich am Vorabend hatte, das mich in den Wald trieb. Ein Zettel, den ich nie geschrieben hatte, lag auf dem Küchenboden. Darauf stand handschriftlich geschrieben: *Morgen musst du in den Wald, unbedingt!*

Ich konnte diese Schrift kaum lesen, sie war nicht meine, was mich noch mehr erstaunte. Wie kam dieser Zettel nur in meine Küche? Ich verwarf den Gedanken bald wieder, weil ich annahm, der Zettel war mir vielleicht irgendwo in die Tasche geraten, weiß der Kuckuck wie.

Trotzdem verfehlte dieser alberne Zettel seine Wirkung nicht: immerhin fuhr ich in den Wald!

Es regnete, als ich den Wald erreichte. Eine geraume Zeit überlegte ich, ob ich nicht doch lieber wieder umkehren sollte. Ich ahnte, dass der Waldboden seicht und schlammig sein musste.

Trotzdem hatte ich das eindringliche Gefühl, dennoch aufzubrechen. Es war ein merkwürdiges Gefühl, schon beinahe ein gewisser Drang, der mich aus dem Auto steigen ließ.

Einen Schirm brauchte ich nicht. Der würde bei den vielen tiefhängenden Ästen ohnehin bald seinen Geist aufgeben, dachte ich mir. Und so lief ich los. Ich hatte ein Basecap aufgesetzt, welches ziemlich sportlich aussah, das verhinderte immerhin ein ganz klein wenig, nicht vollständig zu durchweichen.

Im Wald war es dann nicht mehr so heftig – der Regen wurde von den dicht stehenden Bäumen ein wenig abgehalten. Das war sehr gut, wenngleich es ziemlich kalt war. Ich hatte einen ziemlich scharfen Schritt, wodurch mir etwas wärmer wurde. Dann aber breitete sich dichter Nebel aus. Zwischen den Bäumen konnte man fast nichts mehr erkennen. Wieder überlegte ich – sollte ich doch lieber wieder umkehren?

Aber da war wieder dieser unerklärliche Drang, weiterzulaufen. Und so lief ich eben weiter!

Immer tiefer gelangte ich in den Wald und der Boden war morastig und seicht. Immer wieder rutschte ich in schmutzige Pfützen und die tiefhängenden Äste mancher Bäume kratzten unangenehm über mein Gesicht.

Irgendwann schien der Regen aufzuhören, oder er wurde von dem dichter werdenden Astwerk der Bäume abgehalten. Mutig und zu allem entschlossen lief ich weiter. Längst war es keine Wanderung mehr, bei der ich mich vielleicht erholt hätte. Es war ein Lauf zu einem ganz bestimmten Ziel, bei dem ich nicht einmal wusste, wo es sein sollte. Ich lief einfach der Nase nach und wusste schließlich nicht mehr, wo ich mich befand!

Nervös blieb ich stehen. Es war totenstill, nur das Rascheln der Regentropfen, die sich im Blattwerk der Bäume verfangen hatten und nun von einem Blatt zum anderen tropften, drang an meine Ohren. Aber dann, was war das, es hörte sich an, als wenn ein Gewässer in der Nähe sei. Aber hier im Wald? Vorsichtig lief ich weiter.

Es war nicht sehr hell, trotzdem es früh am Morgen war. Es mussten die tiefhängenden Regenwolken sein, die den Morgen verdunkelten.

Ungefähr zwanzig Meter musste ich gelaufen sein, da ging es nicht mehr weiter.

Es war das schmale Ufer eines Teichs, der inmitten des Waldes ruhig und friedlich vor mir lag.

Zwar konnte ich das gegenüberliegende Ufer wegen des Nebels nicht sehen, aber es war vermutlich auch nicht weit weg. Denn die dunklen Schatten der gegenüberliegenden Bäume waren durch den Nebel zu erahnen.

Ich wunderte mich, denn diesen Weg und diesen Teich kannte ich noch nicht. Ich wusste nicht einmal, dass es in diesem Wald überhaupt einen solchen Teich gab. Aus meinen früheren Wanderungen in diesem Wald wusste ich jedenfalls von keinem derartigen Gewässer.

Ja, nun lag dieser Teich vor mir und ich wollte schon umkehren, da vernahm ich eine leise Stimme.

Erschrocken drehte ich mich um, aber da war niemand. Es war eine ganz leise und sehr zarte Mädchenstimme. Jedenfalls glaubte ich, dass es eine solche sei. Doch die Stimme sagte irgendetwas – sprach sie vielleicht zu mir? Ich lehnte mich an einen Baum und versuchte, genaueres zu verstehen. Nach einiger Zeit glaubte ich, die Stimme zu verstehen: „Es ist gut, dass du gekommen bist", flüsterte sie, „ich freu mich sehr. Ich habe dir etwas zu sagen. Du bist in großer Gefahr. Fremde wollen dir dein Leben zerstören. Sie haben bereits eine Mitarbeiterin des Amtsgerichts deiner Stadt auf ihre Seite gebracht und versuchen nun, dir mit bösen Geldforderungen zu schaden. Du musst nun ganz fest an mich glauben und immer die Worte im Geiste haben, die ich dir jetzt sage. Denn kein anderer als der Teufel steckt hinter alledem. Also hier ist der Vers, der ganz wichtig ist für dich:

Niemals wirst du mich besiegen
Auch mit Hass und Hetze nicht
Weiche von mir mit den Lügen
Ich schau auf zu meinem Licht

Niemals wirst du mich zerstören
In mir schlägt das Mutter-Herz
Werde dir niemals gehören
Und ich ziehe himmelwärts

Als die Verse verklungen waren, wurde es wieder totenstill. Wer konnte das nur gewesen sein. Da schimmerte ein sorgenvolles Gesicht durch den Nebel – es war wie ein Schleier, aber ich erkannte es sofort! Es war das liebevolle Gesucht meiner Mutter. Meine Mutter, die ich gerade erst verloren hatte, war gekommen, um mir etwas zu sagen. Ich spürte, wie es mir warm ums Herz wurde und dicke Tränen liefen mir über die Wangen. Und eigentlich wollte ich gar nicht wieder gehen, doch die Stimme meldete sich noch einmal:

Geh jetzt heim, denn es ist kalt
Komm bald wieder her zu mir
Komm bald wieder in den Wald
Ich bin da
Ich warte hier

Dann war es wieder still und ich hatte den Eindruck, dass die Stimme nun nicht mehr zurückkehrte.

Ich wischte mir die Tränen aus dem Gesicht und zog ein Zellstofftaschentuch aus der Hosentasche. Ich wischte mir die Nase und wollte gerade gehen, da geschah etwas Unvorstellbares! Ganz langsam verschwand der Teich. Er zog sich einfach in den wabernden Nebel zurück. Dann lichtete sich der Nebel etwas, doch der Teich war verschwunden.

Ich konnte das alles nicht verstehen, war aber glücklich, die Stimme und das Gesicht meiner geliebten Mutter gesehen zu haben. Sie hatte mir so viel Mut gemacht und so viel Kraft gegeben, dass ich mich gar nicht mehr schlecht fühlte. Auch die Kälte störte mich überhaupt nicht mehr. Dennoch gab mir das, was sie gesagt hatte, sehr zu denken. Welche Gefahr sollte das sein?

Ziemlich flott lief ich den Weg zurück, erreichte schon bald meinen Wagen und fuhr heim.

Den ganzen Weg über dachte an nichts anderes als an dieses mehr als seltsame Erlebnis.

Und immer wieder liefen mir Tränen übers Gesicht – ich hatte meine Mutter sehen können, wie wunderbar das doch war. In diesem Augenblick war ich mir absolut sicher, dass ich niemals allein war, nirgendwo und zu keiner Zeit.

Später erfüllte sich diese Weissagung. Ich bekam Ärger mit dem Gericht, wonach ich drei hohe Zahlungen leisten sollte, die ich eigentlich nicht leisten musste. Aber die von Fremden aufgehetzte Rechtspflegerin saß am längeren Hebel und wollte, nein, sollte mir unbedingt schaden.

Nur einem später eintretenden Glücksfall war es zu verdanken, dass ich diese ungerechtfertigten Forderungen begleichen konnte. Und ja, ich war noch einmal im Wald – der Teich kam zwar nie wieder, dafür aber sprach meine Mutter zu mir: „Wenn Du mal in großer Not bist, dann geh in unseren Keller. Schau dort unter den Ziegelstein rechts neben der Kellertür. Dort findest du, was dich retten wird."

Ich tat genau das, was mir meine Mutter riet: ich lief in den Keller meiner Eltern und fand unter einem lose liegenden Ziegelstein, gleich rechts neben der Kellertür, hunderttausend Euro.

Damit war ich gerettet und ich spürte, dass meine Mutter immer an meiner Seite blieb. Das hat mein Leben für immer verändert, denn jetzt wusste ich, dass da doch mehr ist, als wir Menschen uns je vorstellen können!

Chupacabra

2017
Waldgebiet nahe Berlin

Bislang habe ich davon keinem erzählt. Ich hatte auch vor, es in Zukunft für mich zu behalten, aber jetzt, nachdem ich Menschen im TV sah, die ähnliche Erlebnisse hatten, jetzt schreibe ich darüber.

Es war vor vier Jahren. Wieder einmal lief ich durch den Wald, allerdings nicht durch einen nahe gelegenen, sondern durch einen wunderschönen Nadelwald in Brandenburg. Der sandige Boden gefiel mir und ich genoss diesen lauen Sommer. Ich war in Berlin zu Besuch und dort wurde mir dieser Wald mit dem Argument, dass man dort wunderbar wandern könnte, dringend ans Herz gelegt. Und weil ich sehr gern wanderte, die würzige Waldluft liebte und ein wenig zu mir selbst finden wollte, fuhr ich dorthin.
Der schmale Waldweg zog sich schnurgerade zwischen den immer dichter stehenden Tannen und Kiefern einher. Ich dachte an Berlin und an meine Fahrt dorthin, wollte noch tanken und etwas einkaufen. Da bemerkte ich ein Rascheln im Gestrüpp neben dem Weg. Ich blieb stehen und schaute zum Gebüsch, doch da war nichts. Dummerweise zogen ziemlich rasch recht dunkle Wolken auf. Es begann zu regnen und ich bereute, den Schirm im Auto liegen gelassen zu haben. Es regnete regelrecht Bindfäden und es schien nicht mehr aufhören zu wollen. Ein wenig genervt stellte ich mich unter ein hölzernes Dach, was wohl früher mal eine Hütte bedeckte. Die Hütte war nicht mehr da, nur das morsche Holzdach wurde noch von Baumästen getragen. Zwar regnete es durch, aber es hielt den meisten Regen ab. Schließlich kam es so, wie es nicht kommen sollte, ein heftiges Gewitter zog auf!
Es krachte und blitzte und ich glaubte schon, ich sei in diesem Wald vollkommen allein und verlassen.

Doch so verlassen schien ich gar nicht zu sein, denn im Gebüsch schien sich ein Tier aufzuhalten. Vermutlich hatte es sich ebenfalls vor dem Regen in Sicherheit gebracht.

Es wurde immer dunkler und der Wind frischte merklich auf. Durchs Gestrüpp sah ich zwei stechend rote Lichtpunkte, die mir irgendwie Angst einjagten. Ich konnte mir das gar nicht erklären, und dann sah ich, was da hinterm Gestrüpp den Regen abwartete, denn der starke Wind bog die Zweige des Gestrüpps auseinander. Es war ein gruseliges hässliches Monster, welches mit seinen stechend roten Augen zu mir herüber starrte. Es sah irgendwie aus wie ein großer Wolf, aber es war kein Wolf!

Dieses sonderbare Tier da im Gebüsch sah noch wesentlich furchteinflößender aus – es fletschte seine säbelartigen Zähne und starrte in einem fort zu mir. Und dann fiel mir ein, wo ich so etwas Ähnliches schon einmal gesehen hatte. Im TV berichtete jemand über den *Chupacabra*, einem so genannten Ziegensauer, einem entsetzlichen Fabelwesen, welches geradewegs aus der Hölle kommen sollte.

Die Fachwelt war sich nicht einig, ob es diesen *Chupacabra* überhaupt gab. Dieses Wesen galt als Fabeltier, als Schreckgespenst aus einer düsteren Sagenwelt, möglicherweise aus der Hölle!

Mir war der Schreck durch Mark und Bein gefahren, doch was sollte ich jetzt tun? Wegrennen?

Ich beschloss, mich langsam zurück zum Weg zu schleichen, um dann zwischen Büschen und Sträuchern schnellstens zum Wagen zu laufen. Vorsichtig wischte ich mir das Regenwasser aus dem Gesicht und bückte mich ganz langsam. Ich tat so, als habe ich dieses Wesen im Gebüsch nicht bemerkt, obwohl mein Herz bis zum Halse schlug.

Ich schaffte es tatsächlich bis zum Weg und hörte noch ein entsetzliches Gebrüll hinter mir. Als ich mich umschaute, war da aber nichts mehr – weder zwei rote Lichtpunkte im Gebüsch, wo ich eben noch stand, noch das grässliche Teufelswesen, nichts. Wo war dieser Höllenhund nur hingelaufen? Hoffentlich hatte er nicht den gleichen Weg wie ich, dachte ich nur und lief am Rand des Weges, zwischen tropfnassen Büschen und Sträuchern schnellstens zum Auto zurück.

Mit einem Satz ließ ich mich in den Autositz fallen und startete den Wagen. Als ich losfuhr, sah ich im Rückspiegel dann doch noch das Wesen, welches auf dem Weg mitten im Regen stand und hinter meinem Fahrzeug einher starrte.

Als ich endlich wieder auf der Bundesstraße war, atmete ich tief durch und war erleichtert, dass ich dieses Erlebnis unbeschadet überstanden hatte.

Erzählen konnte ich es keinem, denn wer sollte mir das schon glauben? So schwieg ich und begrub das Erlebte tief in meinem Gedächtnis.

Als ich Tage später einen Zeitungsartikel las, fiel mir jedoch alles wieder ein. In der Gazette stand zu lesen: „Förster von einem furchterregenden Teufelswesen erschreckt worden! War es der Ziegensauger, der *Chupacabra*?"

Selektion eines Mörders

Er verfolgte sie. Immer schneller wurde er, doch sie war auch nicht langsam. Sie wusste nicht, dass er sie verfolgte. Und sie schaute sich nicht um. Es war ein regennasser Herbsttag so gegen 21:25 Uhr.

Der alte Bahnhof war baufällig geworden, und genau dort wollte sie einen Zug erwischen. Es war ein Personenzug, der sie nach Hause nach Magdeburg bringen sollte. Sie stand allein auf dem schmutzigen Bahnsteig, doch ein Zug kam nicht. War sie hier richtig? Hier auf diesem verlassenen uralten Bahnsteig der Alpträume? Sie war sich nicht im Klaren, was sie hier überhaupt wollte. Doch sie wollte nur weg!

Warum war sie nicht Zuhause in Magdeburg geblieben? Warum wollte sie unbedingt hierher in diese abgelegene und gruselige Gegend, in dieses abgehalfterte Kaff? Nur wegen Ludger? Ludger, dieser Charmeur. Er wickelte doch jede um den Finger. Und doch, sie mochte ihn, diesen blonden Mittvierziger. Ob er sie auch mochte? Sie wusste es nicht. Denn als sie bei ihm klingelte, öffnete er nicht. Dafür hatte sie ein Foto von ihm – ein schönes Foto – ein viel zu schönes Bild! Ob er das wirklich war? Oder? Auch das wusste sie nicht. Und jetzt stand sie hier auf diesem Bahnsteig des Vergessens und wusste nicht, ob sie überhaupt wieder heimfahren sollte. Es war kalt, sehr kalt. Und der Regen wurde stärker. War das noch Regen? Oder war es schon Schnee? Wind kam auf, ein seltsam lauer Wind. Er passte so gar nicht zu diesem kalten Regen. Oder war es nur Einbildung?

Sie wartete und wartete und nichts geschah. Nichts regte sich. Keine Bewegung, keine Draisine, kein Schnaufen einer Lok. Auch keine Ansage, nur sie allein auf diesem einsamen Bahnsteig, jenseits aller Hoffnungen, jenseits aller Träume. Wo war sie eigentlich? Was war das für ein Ort?

Sie wusste nicht, dass sie längst beobachtet wurde. Da stand jemand hinter einer verfallenen Ziegelmauer. Die Ziegelmauer war nicht sehr hoch und mündete ins Nichts.

Der Fremde war in dunkle Kleider gehüllt. Er war sehr dünn und zitterte.

Es war ein Mann, ein unsicherer Mann. Ein Mann, der nicht gut geschlafen hatte in der letzten Nacht. Er wollte etwas tun, denn er hatte nichts zu tun. Ihm war nach Töten. Er sah diese junge Frau, die so um die Dreißig sein mochte, wie sie dort auf dem nassen Bahnsteig fröstelte. Sie drehte sich ab und zu um sich selbst, vermutlich um sich aufzuwärmen. Aber wurde es ihr warm? Oder hatte sie Angst? Hatte sie Angst wie er?

Er wusste es nicht. Und er spürte einen jähen Trieb in sich. War das etwas Sexuelles? War das etwas anderes? Er kannte es noch nicht. Es würde seine erste Tote sein, wenn er sie töten würde.

Vorsichtig und unsicher trat er hinter der schmierigen Mauer hervor, um gleich wieder hinter ihr zu verschwinden. Nein, er ging nicht aus seiner Deckung. Er blieb stehen. Und er presste sich an die nasse Mauer. Ihm wurde schwindelig. Alles drehte sich. Und es war stockdunkel. Nur im schwachen Licht der hin und her baumelnden Lampe auf dem Bahnsteig konnte er die Regen-Bindfäden sehen, die sich aus dem schwarzen Nichts der Nacht lösten. Sie zerschnitten geradezu diese seltsame Nacht. Sie ließen das Bild vor seinen Augen verschwimmen. Doch er blieb noch immer stehen. Er hatte Angst, Angst und Panik ganz tief in sich drin. Diese Angst zerfraß ihn fast, doch er wollte diese Frau dort töten, er wusste es genau. Oder? Doch nicht?

Plötzlich knallte es – die junge Frau auf dem Bahnsteig fuhr zusammen. Auch der Fremde erschrak. Beide drehten sich um. Die letzte Möglichkeit, etwas mehr zu sehen als den Regen, war hinüber, war zerplatzt, die Glühbirne der Funzel auf dem Bahnsteig war hinüber. Nun sah keiner mehr was.

Und der Fremde witterte etwas – es war seine Chance, die er witterte. Jetzt sollte er zum Bahnsteig hinaufgehen und diese Frau töten. Er musste es tun. Er wollte es tun. Er wollte es aber eben doch nicht. Oder doch?

Wieso war das so schwer? Einen Menschen töten – es war sehr schwer.

Und noch dachte er darüber nach und tat es nicht. Das Nachdenken darüber war nicht strafbar, das war ihm sonnenklar. Aber der schmale Grat zwischen dem Denken und dem Tun, diesen Grat wollte er verlassen. Nur, in welche Richtung? Er tastete seine Kleidung ab – sein schwarzer, vollkommen durchnässter Wollmantel wärmte ihn noch. Er tastete sich bis tief in der Manteltasche – war da ein Revolver – war da ein Messer, ein Klappmesser vielleicht? Ja, es war da, kein Revolver, so ein Blödsinn! Es war ein Klappmesser! Es war noch neu. Es gefiel ihm so gut. Er wollte es haben und damit angeben. Aber es hatte niemanden interessiert. Nun musste er es gebrauchen, nun musste er töten! Und er nahm Anlauf und sprang aus seiner Deckung. Doch die junge Frau, die er gar nicht mehr sehen konnte, war fort. War sie fort oder doch nur im Dunkel der Nacht dort oben auf dem Bahnsteig verborgen? Er wusste nicht, ob er was sagen sollte. Was sollte er sagen? Sollte er rufen? Sollte er schreien? Sollte er fliehen? Er blieb stehen, verharrte. Doch keiner sah ihn. Keiner konnte ihn sehen bei dieser Dunkelheit. Es goss in Strömen und der Fremde klappte sein Messer auf. Langsamen Schrittes huschte er zum Bahnhof. Jetzt musste er nur noch hinüber zum Bahnsteig laufen. War da noch jemand? War die Frau noch da? Sollte er sie wirklich töten? Ja, warum eigentlich? Wegen des Ärgers, den er mit seinem Vermieter hatte? Der hatte ihn vor die Tür gesetzt, weil die Miete sechs Monate nicht mehr gezahlt hatte. Er konnte nicht mehr zahlen. Er war ja aus der Firma geflogen. Einfach so. Ganz plötzlich. Unvermittelt. Und er war schon Fünfzig. Da gabs keine Chancen mehr. Er war doch schon gestorben. Warum nicht jemanden mit in dieses Jenseits, in sein Jenseits holen? Diese junge Frau könnte mit ihm gehen, oder? Er befühlte die glatten Flanken seines Messers. Dieser Gegenstand würde ihn zum Mörder machen können. Oder war es er selbst? Ihm wurde schlecht. Ihm war kotzübel! Und er übergab sich. Mehrmals. Immer wieder. Dann war alles wie vorher. Er stand da und dachte über sein missglücktes und verhunztes Leben nach. Diese Scheiße war doch kein Leben. Es war scheiße! Ja, Scheiße! Und jetzt? War die junge Frau noch da?

Plötzlich knallte es laut! Ein knisternder Knall, der sich in der Weite der Landschaft mehrfach überschlug. Der Fremde spürte auf einmal eine seltsame Wärme in sich. Sie stieg auf und verteilte sich. Sie verteilte sich im ganzen Körper. Und dann wurde es hell um ihn herum. Sehr hell. Überaus hell. Eine grüne Wiese erschien unter ihm. Und die Sonne schien. Und es war warm. Sehr warm. Ungewöhnlich warm. Es war so angenehm. Es war so schön. So wohlig warm war ihm noch nie. Alles war im Fluss. Alles war in Gleichmäßigkeit. Alles war egal und doch wieder nicht. Sein Leib, sein Körper, wo war der nur? Wo war er geblieben? Er hatte keinen Körper mehr! Wieso hatte er seinen Körper nicht mehr? Er war nur noch ein Gedanke. War er überhaupt noch am Leben? Nein, das war er nicht! Eine Kugel hatte ihn getroffen. Doch wer hatte da geschossen?

Der Fremde sank nieder, wollte sich auch nicht festhalten, er sank nur einfach zu Boden. Dann lag er da. Kraftlos und zusammengesunken lag er im Dreck, im regendurchtränkten Schlamm vor einem uralten Bahnhof, der kein Bahnhof mehr war.

Eine Autotür knallte, dann brauste ein Wagen davon. Blitze zuckten! Ein Gewitter! Die Blitze erhellten den Bahnsteig für drei Sekunden! Der Bahnsteig war leer. Der Fremde lag nur da. Und keiner kam. Und keiner suchte nach ihm. Und niemand war da, um Notiz von ihm zu nehmen. Er hatte ein Klappmesser in der Manteltasche. Es war noch neu. Es war noch ungebraucht. Und die Gedanken des Fremden kannte keiner mehr. Es war egal. Er war jetzt tot. Und er war frei.

Und der Bahnsteig lag nur da. Es goss in Strömen. Das Gewitter verzog sich. Der letzte Blitz erhellte das Bahngleis. Es führte ins Nichts. Es kam aus dem Nichts. Nein, hier fuhr niemals ein Zug. Der alte Bahnhof war nur eine Ruine. Eine Sinnestäuschung vielleicht? Ein Irr-Bild? Ein Baum fiel um! Sein morsches Astwerk verdeckte den toten Fremden. Sein schwarzer Mantel verdeckte einen Menschen. Der Fremde war sehr dünn, sehr ausgehungert. Es ging ihm wohl nicht gut. Wen interessierte das schon? Der Regen wurde immer noch viel stärker. Er überschwemmte die Gegend. Und keinen kümmerte es. Das Wasser nahm den Fremden mit sich. Er trieb mit dem Strohm ins Meer, irgendwohin. Der Bahnhof brach zusammen. Er war schon zu alt, eine Ruine eben. Eine wurmstichige Ruine. Dann war da gar nichts mehr. Dann war da nur dieser reißende Fluss.

Und eine junge Frau kam irgendwann mit einem Auto in Magdeburg an. Sie hatte eine gute Reise. Eine lange Reise. An einem alten Bahnsteig hatte ein Wagen angehalten. Sie war eingestiegen und einfach mitgefahren. In dieselbe Richtung, in welche auch der Strom der Regenwasserflut führte.

Viel später suchte die junge Frau den Ort auf der Landkarte, wo der Bahnhof stand. Diesen Ort gab es jedoch nicht. Er war eine Illusion, ein Alptraum vielleicht. Und sie hatte einen Traum, einen Traum von einem Fremden. Es war ein Mann in einem schwarzen Mantel. Es war ein sehr dünner Mann. Es war ihr Mörder. Es war ihr Traum. Und irgendwann wurde ein fremder Mann ans Ufer eines Meeres gespült. Er war sehr dünn und trug einen schmutzig schwarzen Mantel. Und in einer Manteltasche fand man ein Messer, ein neues Klappmesser. Er hielt es fest in seiner Hand und hat es nie geöffnet.

Annäherung an einen Mörder

Man sagt, er brachte Menschen um
Ein Serienkiller, ziemlich fies
Man sagt, er sei sehr roh und dumm
Ich weiß
Er brachte Kinder um
Sein ganzes Wesen
Total mies

Ein Mann, so um die zwanzig Jahr
Nicht hässlich
Dick
Kein Supermann
Den Leuten ist wohl alles klar
Mir scheint so vieles sonderbar
Was dachte er so dann und wann

Zwei Jungen hat er umgebracht
Er hats gestanden
Sitzt jetzt ein
Er wird jetzt ziemlich schwer bewacht
Weil er sie eiskalt umgebracht
Im Knast will niemand "Mörder" sein

Ich melde mich beim Staatsanwalt
Denn ich will sprechen mal mit ihm
Er hat gemordet tief im Wald
An einem Tag, der bitterkalt
Sein Leben macht wohl kaum noch Sinn

Drei Tage später dann im Knast
Sitzt er mir gegenüber schon
Ich schau ihn an
Er scheint so blass
Das Fenster wischt ein Regen nass
Er ist so jung
Wie manch´ ein Sohn

Sein Blick ist trüb
Er weicht mir aus
Will er nicht sprechen über
„Das"
Da ist kein Teufel
Auch kein Graus
Doch ist er keine zahme Maus
Ich frage ihn: „Wieso, wie, was"

Durchs Fenstergitter flieht sein Blick
Kaum eine Regung spür ich, nichts
Vielleicht ist es auch nur ein Trick
Vielleicht ist ängstlich er ein Stück
In diesem Knast
Jenseits des Lichts

Zwei Wärter stehen vor der Tür
Die sind recht mächtig, stark und groß
Der Junge auf dem Stuhl vor mir
Scheint bleich und schwach
Kein wildes Tier
Die Hände zittern ihm im Schoß

Dann spricht er leis
So zaghaft
Schwer
-Er hörte Stimmen laut in sich-
Ganz tief in ihm wards da so leer
Er sagt, er tut so was nie mehr
Doch tröstet das nicht ihn
Nicht mich

Ich denk, als er so mit mir spricht
An seine Opfer, die jetzt tot
Sie hatten Mütter sicherlich
Die leiden jetzt so fürchterlich
Er brachte so viel Leid
Und Not

Wie hält man´s aus
Frag ich mich nur
Wie kann man das ertragen
Wie
Er sagt es nicht
Ist er zu stur
Ist da von Reue keine Spur
Schläft man des nachts als Mörder nie

Doch alles, was er sagt und meint
Verwischt, verschwimmt im Zimmer hier
Als er dann vor mir kniet und weint
Als er kein Mörder und kein Feind
Ist selbst er Opfer
Ohne Zier

Die Zeit verrinnt, ist bald vorbei
Man führt ihn fort
Man faucht ihn an
Noch einmal schaut er
Einerlei
Die Uhr zeigt nachmittags um Zwei
Er ist ein Junge doch
Kein Mann

Allein bleib ich im Raum zurück
Steh langsam auf und schau und schweig
An diesem Ort
So fern vom Glück
Begreif ich nichts
Kein einzig´ Stück
Beinah tut er mir sogar leid

Wie seine Opfer
Tot
Vorbei
So starb er selbst
Fort
Wegradiert
Sein Leben sinnlos
Aus
Ein Schrei
Nie wieder Menschsein
Nie mehr frei
Nur noch ein Wesen
Das erfriert

Die Leute rufen:
„Tod dem Schwein"
„Wozu noch Knast für solchen Dreck"
Ich fühl mich ratlos
Muss das sein
Doch wer vergibt
Macht man sich klein
Erfüllt die Todesstraf´ den Zweck

Viel später schreib ich den Bericht
Und weiß nicht, wie ich´s schreiben kann
Der Regen wäscht das Fensterlicht
Als man im Radio plötzlich spricht:
Er hat erhängt sich
Irgendwann

Teufels Ankunft

Blicke, die dich töten werden
Kälte die das Leben schockt
Atemlos
Und Herzbeschwerden
Überall nur Tod auf Erden
Glück, Vertrauen
Längst verzockt

Schläge tief in Herz und Seele
Eis tropft auf die nackte Haut
Whiskydunst
Verbrennt manch´ Kehle
Dass dies Feuer weiterschwele
Jede Nacht
Total versaut

Alles bricht in tausend Scherben
Schreie klirren durch die Nacht
Blitze zucken auf die Erden
Die sofort zu Monstern werden
Wart nur ab
Bald ist´s vollbracht

Zischend stoben Funkenschwaden
Aus der Höllentiefe auf
Renn jetzt los
Du darfst nicht warten
Sonst wirst du im Hass entarten
Und der Teufel frisst dich auch

Gift trieft an den Teufelspfeilen
Treffen jeden
Der noch hier
Lass uns flugs zum Himmel reiten
Lass uns nie mehr toben
Streiten
Dann entgehn wir seiner Gier

Da, das Dunkel längst schon wabert
Fängt fast jeden
Der zu schwach
Wer noch blöd von Liebe labert
Wird von Dummheit schnell gekapert
Nein, der Teufel denkt nicht nach

Letzter Blitz
Letztes Begehren
Feuersbrunst flammt Träume fort
Schwefeldampf will uns verzehren
Hey, wir können uns noch wehren
Hey, wir sind noch hier vor Ort

Falsche Wege

Falsch die Wege
Die ich ging
Weil ich mich im Nichts verfing
Dunkelheit tief in mir drin
Nirgendwo ein echter Sinn

Irgendwo mich selbst verlorn
Irgendwann total erfrorn
Wie verdorrtes Laub im Wald
Drifte ich
Und fühl mich alt

Nebel wabert durch den Kopf
Ganz egal
Was ich auch hoff
Alles dreht sich wild
Im Sturm
Bin so hilflos wie ein Wurm

Habe mich in mir verirrt
Bin vom Teufel wohl entführt
Wo ist nur ein guter Ort
Wo find ich mein eignes Wort

Zeigt mir Gott den neuen Weg
Dass ich wieder fühl:
Ich leb
Noch ist Dunkelheit in mir
Doch die Hoffnung wartet hier

Abschied

So gerne würd ich mit Euch träumen
Nochmal spazieren durch den Park
Und liegen unter Mandelbäumen
Und nichts vom Leben je versäumen
Mit Euch gestalten
Jeden Tag

Würd gern mit Euch nochmal verreisen
Und Fotos machen
Ach
So viel
Und Mamas Lieder hörn
Die leisen
Wenn Züge klappern auf den Gleisen
So wie als Kind
Als alles Spiel

Noch einmal möcht ich mit Euch reden
Und lachen
Weinen
Alles halt
Ich wünscht, Ihr kämt zurück ins Leben
Jetzt sitz ich hier
Und kann nur beten
Und jeder Tag ist schlimm
Und kalt

Mit frischen Blumen komm ich wieder
Zu Eurem Grab
Und bleibe lang
Ich hör von fern' die alten Lieder
Da ist kein Trost im letzten Flieder
Da ists in Herz und Seele
Bang

Zerrissen

Auf jenem Friedhof ist's so kühl
Die Blumen wiegen sich im Wind
Erinnerungen
Ach, so viel
An all die Zeiten
Leid und
Spiel
Ich wär so gern wie einst
Als Kind

Kein Mensch ist hier
Es ist so still
Manch Traum verweht im Regenguss
Erinnerungen
Ach, so viel
Hier auf dem Friedhof gibt's kein Ziel
Hier gibt's kein Anfang
Keinen Schluss

Ich würd so gerne bei Euch sein
Die Einsamkeit wiegt schwer
So schwer
Erinnerungen müssen sein
Doch wiegen sie schwer wie ein
Stein
Zerrissen scheint das Herz
Und leer

Auf jenem Friedhof ist's so kalt
Der Abend kommt
Und Regen fällt
Da lebt man jung
Da wird man alt
Und man vergeht zu schnell
Und bald
Was bleibt
Wenn uns hier nichts mehr hält

Ich

Die Schublade ist viel zu klein
Wollt ich doch immer anders sein
Mal gings bergauf
Doch oft bergab
Mal war ich hungrig
Manchmal satt
Manchmal auch echt
Manchmal nur Schein

Stand hilflos oft am Abstellgleis
Um mich herum nur Kälte
Eis
Den schmalsten Pfad
Der auch nicht glatt
Den ging ich dann
Fiel nicht ins Grab
Und fluchte laut
Und schrill
Und leis

Die Mama sagte: *Lebe jetzt*
Egal, ob du erschöpft, verletzt
Du bist nur einmal da
Und hier
Du weißt, dass ich dich nie verlier
Ich hatte Angst
Total gehetzt

Ach, heute sag ich still zu mir
Mensch Junge,
Du bist doch noch hier
Trotzdem fühl ich Verlust und
Tod
Am Rand von Einsamkeit
Von Not
Ich hoff, dass ich mich nie
Verlier

Betrachtung

So oft sagst du:
So ist das eben
Und denkst nicht nach
Und fühlst es nicht
Und kennst auch nicht das wahre Leben
Du winkst nur ab
So ist das eben
Und siehst es nicht
Das helle Licht

Du lebst die Zeiten ohne Leben
Und willst nur haben
Mehr und mehr
Und tust es ab
So ist es eben
Und schleichst so blind und taub durchs Leben
Und nimmst so viele Dinge schwer

Du siehst nicht mehr nach allen Seiten
Und fragst nicht
Ach, wo kommt das her
Du fühlst nur jene kalten Zeiten
Du kannst nicht weinen
Lachen
Schweigen
Und fühlst dich oftmals ziemlich leer

Wenn jemand ändert Tag und Leben
Dann lachst du nur
Tust schnell es ab
Du hast nur Spott
Willst nichts verstehen
Du bist nur hart und kannst nichts geben
Weil Sturheit nichts zu geben hat

Doch eines Tags
Wenn stirbt die Mutter
Dann trifft dich das ganz tief ins Herz
Aus deiner Hand fällt dir das Ruder
Du weinst tagtäglich um die Mutter
Dein ganzes *Ich* tränkt sich im Schmerz

Ganz plötzlich bist du ganz alleine
Da ist nichts mehr
Dass dich noch trägt
Vom Herzen fallen alle Steine
Du bringst dein Leben nun ins Reine
Du spürst es jetzt:
Da ist nichts leer

Und da beginnt dein neues Leben
Es kam so plötzlich
Wie der Tod
Du willst es fühlen
Kannst auch geben
Du willst stark in der Brandung stehen
Und es erglänzt dein Morgenrot

Hoffnung

Hoffnung auf ein Lebenszeichen
Wünsch ich mir
Geht es dir gut
Dass wir uns die Hände reichen
Dass wir allem Bösen weichen
Weil uns eint das gleiche Blut

Lass mich Deine Augen küssen
Deine Hände
Deinen Mund
Will Dich niemals mehr vermissen
Will Dich aus der Ferne grüßen
Hoffe, Du wirst bald gesund

Ach, mir fehlt Dein Wort,
Dein Lachen
Ja, mir fehlst ganz einfach Du
Ohne Dich kann ich nichts machen
Werd vor Deinem Foto wachen
Finde ohne Dich kaum Ruh

Hoffnung auf Dein Lebenszeichen
Komm bald wieder her zu mir
Wind verfängt sich in den Eichen
Dort, wo sich die Seelen gleichen
Wärst Du nur schon balde hier

Dein Gesicht

Gibst ihm Essen
Gibst ihm Trinken
Gibst ihm Kraft fürs Leben noch
Wirst beim Abschied lang noch winken
Wirst in Trauer dann versinken
Wirst tief fallen in ein Loch

Was ist Zeit
Was ist dies Leben
Nur die Tage
Nur das Jahr
Hast genommen
Hast gegeben
Doch die Schuld trifft beinah jeden
Nichts bleibt so
Wie es einst war

Geh den Weg
Du hast nur diesen
Schau dich nach den Menschen um
Sonne scheint auf Wälder,
Wiesen
Doch gibt's auch den Tod,
Den miesen
Wisse drum
Und sei nicht dumm

Überall ists hell und trübe
Überall ist Schatten,
Licht
Lass den Hass
Gib deine Liebe
Und wenn nagt so manch ein Triebe
Zeig die Kraft
Und dein Gesicht

Das Stückchen Leben

Das Stückchen zwischen Nacht und Tag
Das Bisschen zwischen Schwarz und Hell
Ein Stückchen Leben
Das man hat
Die Zeit läuft oft zu sinnlos ab
Und ist vorbei doch viel zu schnell

Das Stückchen Leben nimmt man hin
Man denkt nie lang darüber nach
Man gibt ihm viel zu wenig Sinn
Es kommt
Es bleibt
Es rinnt dahin
Dann ist es fort
Mit Weh und Ach

Dies bisschen Leben ist nicht viel
Ein Wimpernschlag
Ein Atemzug
Es ist mal ernst
Mal nur ein Spiel
Man kennt nicht Start und auch nicht Ziel
Oft bleibt ein leerer Wasserkrug

Ein Stückchen Leben ist ein Hauch
Im Universum sieht man's nicht
Doch sind's Millionen Träume auch
Milliarden Tränen
Manch ein Brauch
Ein Ozean aus Hoffnung
Licht

Dies Stückchen zwischen Jetzt und Dann
Das nennt sich Leben
Das sind wir
Als Mensch geboren
Frau und Mann
Geblieben ewig Kind sodann
Ein Augenblick
Ein Leben
Hier

Manche Tage

Manche Tage sind wie Seide
Weich und wohlig
Richtig frisch
Fröhlich springst du durch die Heide
Fühlst dich wohl am Frühstückstisch

Manche Tage scheint die Sonne
Alles scheint dir leicht und gut
Planscht froh in der Gartentonne
Schöpfst aus allem Sinn und Mut

Doch dann kommen trübe Stunden
Dunkel wird's und kalt und öd
Ja, dann schmerzen alle Wunden
Dann fühlst du dich richtig blöd

Ätzend kriechen die Minuten
Wenn die Zeit dich fast erschlägt
Wenn die Wunden tierisch bluten
Wenn kein Baum mehr Früchte trägt

Wenn dir keiner steht zur Seite
Wenn allein du frierst im Tal
Dann ist fort die schöne Seide
Dann sind alle Tage Qual

Ach, dann denkst du an die Zeiten
Als es schön war, leicht und bunt
Doch dies Leben will nicht bleiben
Es zieht weiter
Stund um Stund

Freu dich an den Seidentagen
Lach, wenn du es kannst und willst
Stell nicht so viel dumme Fragen
Freu dich, wenn du gut dich fühlst

Tage sind wie sanfte Seide
Sind wie Regenwolken auch
Mal springst froh du durch die Heide
Mal nässt Regen deinen Bauch

Schwelle

Du schaust dich um
Du bist allein
Keiner mehr da, der dir noch hilft
Allein
Du fühlst dich krank und dumm
Und stehst im Zimmer hilflos rum
Keiner mehr da, der dir was sagt
Keiner, der dich will
Und etwas wagt
Es ist so still um dich herum

Da stehst du nun
Von aller Welt verlassen
Alleingelassen und einsam auch
Mit einem knurrenden Bauch
Und alles ist schief und krumm
Du fühlst dich nur krank und dumm
Und stehst allein im Zimmer nur herum
Du wolltest nichts verpassen
Und wurdest doch allein gelassen
Und stehst schon mächtig auf dem Schlauch

Zu wenig Platz für dich allein
Alles zu eng und nirgends ein Halt
Alles zu tot und nirgends ein Platz
Um dich herum eine Mauer aus blauem Stein
Und keiner ist noch da, der dir was sagt
Der dir was rät
Und alles ist so schräg
Asche und Rauch und dunkle Wolken
Du spürst, dass dir nichts mehr bleibt
Als nur dies bisschen Seligkeit
In jener trüben Stadt der letzten Traurigkeit

Dein Kopf verbrennt in jener Atemnot
Dein Leben ist verschwunden im Nichts
Und nirgends ein Stück deines Gesichts
Keiner mehr da, der dir noch hilft
Keiner mehr da, der dir streicht übers Haar
Keiner mehr da, der dich tröstet in der Nacht
Keiner mehr da, der mit dir lacht
Das ist dir schon lang gestorben
Und du bist ein trister Geist geworden
Und dich zieht es stetig nun nach Norden
Du bist ein völlig anderer geworden

Du schaust dich um
Du bist allein
Keiner mehr da, der nach dir ruft
Du fühlst dich sinnlos und schwach
Du kannst nicht mehr stark sein
Unterm allzu morschen Dach
Dir fehlt die Hoffnung und zum Atmen die Luft
Was soll nur werden, wenn nichts mehr ist
Was soll nur sein, wenn du nichts mehr bist
Wo geht's noch hin, wenn alles zerbricht
Was ist dieses Sein so ganz ohne Leben und Licht

Nackt

Unbekleidet stehts du da
Vor dem Spiegel deines Lebens
Nichts ist mehr, wie es mal war
Alles, was du hoffst, scheint dir vergebens
Hier am steilen Abgrund deines Lebens
Und du suchst nach einem neuen Halt

Doch
Du bist nackt
Du hast es nicht gepackt
Du bist nackt
Irgendwo versackt
Nichts mehr im Takt
Und du bist nackt

Alleingelassen fühlst du dich
Hier am Abgrund deines Lebens
Alle ließen dich total im Stich
Alles, was du warst, scheint lange vergebens
In jener der Hölle deines Lebens
Deine Träume nagen fürchterlich

Doch
Du bist nackt
Du hast es nicht gepackt
Du bist nackt
Irgendwie versackt
Nichts mehr im Takt
Du bist nur nackt

Dunkelheit um dich herum
Wabert durch deine kranke Seele
Du bist atemlos und stumm
Alles, was du wolltest, nur noch vergebens
Hier am Ende deines wilden Lebens
Alle Wege scheinen schief und krumm

Denn
Du bist nackt
Du hast es nicht gepackt
Du bist nackt
Irgendwann versackt
Nichts mehr im Takt
Denn du bist nackt

Ist noch Hoffnung in dir drin
Wenn die letzten Träume sterben
Macht das Leben doch noch Sinn
Ist alles, was bleibt, wirklich vergebens
Hier an der Kreuzung deines Lebens
Wo treibts dich letztendlich hin

Noch
Bist du nackt
Noch hast du's nicht gepackt
Du bist nackt
Noch immer versackt
Noch nichts im Takt
Bleibst du so nackt

Eine Frau

Wieder mal den Weg zum Amte
Stolpert sie so gegen Sechs
Noch ist sie die Unbekannte
Stolpert schnell den Weg zum Amte
Das liegt vor ihr links
Dann rechts

Brötchen, Kaffee, diesen lauen
Ein Gespräch kurz auf dem Gang
In die Unterlagen schauen
Wie viel werden sich heut trauen
Und die Zeit scheint ewig lang

Auf dem Stuhl, dem harten, kalten
Nimmt sie Platz, schaut hin und her
Menschen muss sie hier verwalten
Jenen Tag mit Sinn gestalten
Und manch Schicksal wiegt so schwer

Schon kommt rein der erste Kunde
Der sucht Arbeit
Oder nicht
Ziellos starrt er in die Runde
In der Seel klafft ihm 'ne Wunde
Angst sitzt tief ihm im Gesicht

Wut und Hoffnung muss sie kennen
Manchmal Härte auch
Und Mut
Nein, es bleibt kaum Zeit zum Flennen
Manchmal nachts ist Zeit zum Pennen
Oftmals glüht noch Arbeitswut

Ja, sie weiß
Man liebt sie selten
An dem Ort
Wo gar nichts gleich
Jenes Amt der tausend Welten
Wo manch' Regeln kaum noch gelten
Hier wird niemand wirklich reich

Wenn die Kunden dann gegangen
Ordnet sie den Aktenberg
Hier, wo manches unverstanden
Wo sich niemals Menschen fanden
Schaut sie plötzlich recht verklärt

Packt die Tasche und hält inne
Ob sich das mal ändern wird
An der Decke eine Spinne
Leis tropft Regen aus der Rinne
Alles scheint total verkehrt

Sollt sie wirklich einsam bleiben
Haus und Auto
All dies Zeug
Kommen auch mal bessre Zeiten
Ohne Klar- und Ebenheiten
Ohne künstlich-glatter Freud

Doch dann wischt sie sich die Augen
Aus der Haut kommt sie nicht raus
Dieser Traum vom Meer, dem blauen
Schon versunken
Kaum zu glauben
Schnell trinkt sie den Kaffee aus

Stumm nimmt sie vom Eisenhaken
Ihren Mantel
Ihren Schal
Zwischen Mondlicht
Mücken
Schnaken
Wird sie durch den Regen waten
Morgen früh
Und wieder mal

Er ging

Er ging ins weite Watt hinaus
Der Mond verklärte seinen Blick
Die Nebel zogen um sein Haus
Er wollt nur in das Watt hinaus
Er war so fern
Soweit vom Glück

Noch kam die Flut nicht und er lief
Schon sank er ein in den Morast
So vieles ging im Leben schief
Und niemand seinen Namen rief
Er hatte manche Chance verpasst

Die Uhr schlug Mitternacht sodann
Da gab's kein Mensch
Der ihn so sah
Einst war er wohl ein froher Mann
Der mal verlor und mal gewann
Der immer zuverlässig war

Und er lief weiter
Immerfort
Ins weite Watt
Wo's düster ist
An jenem unheilvollen Ort
Da zog er hin
Da zog er fort
Ihn hatte wohl niemand vermisst

Es schwammen Wolken vor den Mond
Ein Regen fiel und Kälte zog
Dort, wo vielleicht manch Unhold thront
Wer fragt danach
Was sich noch lohnt
So mancher schreit im Todes-Sog

Die Einsamkeit fror übers Watt
Am Horizont das weite Meer
Er hatte alles Leben satt
Und ging hinaus ins kalte Watt
Nein, es erfreute ihn nichts mehr

Verwaschen seine Spur im Schlick
Das Wasser stieg
Die Flut kam schnell
Da blieb nicht viel vom Wunsch nach Glück
Vielleicht ein Rest der Spur im Schlick
Und dunkel war's
Und gar nicht hell

Die Wogen schlugen laut zusamm'
Dort, wo er lief, das weite Meer
Und leis, von fern, ein Trauersang
Wohl kam er längst im Jenseits an
Sein altes Haus am Strand ist leer

Nachts

Nachts spiegeln sich die Straßen
In den Augen
Den weinend
Nassen
Allein trittst du in Pfützen
Niemand kann dich stützen
Und du frierst dich durch die Regennacht
Weil dein Gesicht nie wieder so lacht

Nachts spiegeln sich die Träume
In der Seele
In schwarzgraue Räume
Dass man nur ja nichts versäume
Dir fehlt das Glück
Du suchst nach Freude
Und du schreist dich durch die triste Nacht
Weil dein Herz nicht mehr schlägt wie
Gedacht

Nachts spiegeln sich Gelüste
Die es geben müsste
Jenseits mancher Drogen
Oder Küsse
Einsamkeit bleibt
Die bittersüße
Und du gierst dich durch die heiße Nacht
Weil deine Liebe irgendetwas Sau-Blödes macht

Nachts spiegeln sich die Tode
Die du stirbst
Die du verdirbst
Jenseitig aller schön-skurrilen Mode
Erfriert der Leib dir deine Pfote
Und du stirbst dich durch die starre Nacht
Weil deine Hoffnung in Stücke
Zerkracht

Schuld

Das wiegt so schwer in deinem Kopf
Die Frage: Hab ich's falsch gemacht
Bin ich vielleicht ein dummer Tropf
Die Schuld wiegt schwer in meinem Kopf
Ich hab mir das nicht ausgedacht

Du machst so vieles falsch
Verkehrt
Doch wie ists richtig
Sag mir
Wie
Du bist zu oft zu unbeschwert
Dann bist du stur,
So unbelehrt
Du glaubst, du schaffst das Leben nie

Es geht bergab
Und kaum bergauf
Du hörst versteckte Schrei nicht
Dies Leben scheint ein Hürdenlauf
Du kneifst zu oft
Und scheißt darauf
Und nirgendwo zeigt sich ein Licht

Du fühlst die Schuld
Ganz tief in dir
Du fragst dich ständig:
Ist das so?
Du bist doch gar kein wildes Tier
Du willst doch helfen
Jetzt und hier
Doch bist du nur noch schwer
Nicht froh

Die Schuld wiegt wie ein schwerer Stein
Presst Tränen aus dem Seelenschutt
Du fühlst dich schwach und sehr allein
Du fühlst dich dumm und winzig klein
Nein, irgendwie ist gar nichts gut

Was ist das nur, das in dir bohrt
Ist das Versagen
Ist das Schuld
Egal, an welchem Weltenort
Es geht nicht weg
Es geht nicht fort
Dir fehlts an Einsicht und
Geduld

Es wiegt nur schwer in Kopf und Leib
Vernebelt dir die Zuversicht
Wie lange dies Gefühl dir bleibt
Entscheidet nur die Zeit
Die Zeit
Du musst es finden
Dein Gesicht

Ohne Titel

Der Tag vergeht
Liegt brach und ohne Leben
Schon hinter mir
Die Nacht kriecht düster an
Ein Wind verweht
Es rauschen Wälder,
Ähren
Es ist sehr still
In jenem dunklen Land

Ein Trauersang
Zieht durch die müde Seele
Dem Tode nah
Erinnre ich mich noch
Die Zeit steht still
Sekunden, die ich zähle
Starr in die Nacht
Wie in ein schwarzes Loch

Hier will ich sein
In dieser Nacht,
Dem Dunkel
Zum neuen Tag
Ziehts mich schon lang nicht mehr
Von irgendwo dringt in den Kopf
Gemunkel
Ein *Chupacabra* jault
Er ist mir ziemlich nah

Mein Atem stockt
Ich lös mich auf im Nebel
Und meine Spur vergeht
Im feuchten Waldeslaub
Nichts bleibt von mir
Mein Herz hisst leis die Segel
Und übrig bleibt ein Häuflein nur
Von Staub

Letzte Stunde

Nur noch dieses eine Mal
Will den Spiegel sie nicht missen
Nur noch diese letzte Qual
Nein, sie hatte keine Wahl
Musste sie fürs Leben büßen

Nur noch diese letzte Stund
Nur noch einmal richtig feiern
Ihre Seele:
Tot und wund
In der Ecke jault ein Hund
Ihre Zeit scheint hart und bleiern

Nur noch diesen einen Sekt
Auf die Liebe
Auf das Leben
Wenn das Herz die Sehnsucht weckt
Scheint manch´ Segen wie geleckt
Will die Kraft dir alles geben

Doch sie wankt halbnackt zum Klo
Ihr ist schlecht
Ihr ist zum Kotzen
Nachts will schlafen sie im Stroh
Wieder träumen sowieso
Doch ihr ist nach Schreien
Motzen

Zittern schlägt durch ihren Leib
Atemnot friert zu die Lungen
Sonst ist sie ein Rasseweib
Mit ´nem Super-Sexy-Leib
Doch jetzt bleiben ihr nur Stunden

Wie wird's sein im kalten Tod
Wie wird sein dies lange Sterben
Wird es weiß
Wird's höllenrot
Gibt's dort endlich Himmelsbrot
Nein, sie hat nichts zum Vererben

Wald, Feld, Stadt noch einmal spürn
Nochmal durch die Läden ziehen
Nachts sich selbst nochmal verführn
Sich im „Irgendwo" verliern
Vor Gespenstern ängstlich fliehen

Und sie steigt hinauf die Leiter
Hoch aufs Dach der großen Welt
Nein, dort oben geht's nicht weiter
Heut ist's sonnig
Heut ist's heiter
Dort braucht sie nicht Ruhm
Nicht Geld

Langsam schließt sie Aug und Mund
Lässt sich leicht und samtig fallen
Wohl ist's ihre letzte Stund
Jetzt ward ihre Welt kreisrund
Jetzt zeigt sie es wirklich allen

Kurz danach ist es vorbei
Sie ist weg,
Weit fortgeflogen
Nur noch Schweigen – einerlei
Alle Träume – längst vorbei
Und das Dach ist zugefroren

Irgendwann

Irgendwann in dunklen Nächten
Quält dich Einsamkeit und Gier
Willst sie hassen
Willst sie ächten
Hoffst, dass sie dir Gutes brächten
Doch sie sind ein wildes Tier

Bringen dich um Schlaf und Ruhe
Zwingen dich zu Panik
Angst
Du springst auf
Suchst deine Schuhe
Schleppst dich bis zur Wäschetruhe
Weil du um dein Leben bangst

Fühlst verloren dich
Gestorben
Jene Nacht zwingt dich dazu
Nirgendwo bist du geborgen
Überall nur Tränen
Sorgen
Und dich friert es immerzu

Wohin wird es wohl noch gehen
Wo nur endet all der Wahn
Kannst die Zukunft nicht mehr sehen
Kannst dich selber nicht verstehen
Ja, dich kotzt das Leben an

Lässt dich falln ins Bett
Ins weiche
All der Mist bringt keinen Sinn
Und vom nahen Wald
Vom Teiche
Hörst du´s Rauschen mancher Eiche
Dir wird klar
Die ward sehr alt

Du schläfst ein
Es geht dir besser
Jenseits liegen Angst und Pein
Siehst im Traum so manch Gewässer
Hohe Berge
Schöne Schlösser
Ach, du willst dort immer sein

Doch der Morgen naht behände
Und die Sonne bricht die Nacht
Und du spürst das Licht
Die Hände
Schaust aus dem Fenster
Ins Gelände
Und du weißt:
Es ist vollbracht

Aufbruch

Schatten spiegeln deine Seele
Du bist Du
Doch fühlst du nichts
Ausgetrocknet Hirn und
Kehle
Jenseits allen Sein des
Lichts

Schon gestorben
Doch am Leben
Welcher Weg solls diesmal sein
Wohin hoffen
Wohin gehen
Warum bist du so allein

Dieser Tag ist so wie alle
Ohne Klarheit
Ohne Sinn
Sitzt ganz tief in deiner Falle
Tief im Loch
So mittendrin

Du musst lernen
Neu zu leben
Klettre aus der Scheiße raus
Kannst noch so viel träumen
Geben
Bist doch keine dumme Maus

Spürst ganz plötzlich gute Kräfte
Findest deinen neuen Weg
Tief im Hirn die Lebenssäfte
Dort
Wo Hoffnung
Liebe lebt